स्मृतियाँ कभी नहीं मरतीं

स्मृतियाँ कभी नहीं मरतीं

अमरजीत राम

वाणी
प्रकाशन

प्रकाशन के उत्कृष्टतम 63 वर्ष

vaniprakashan.com

पेपरबैक प्रथम संस्करण : 2026

वाणी प्रकाशन

4695, 21-ए, दरियागंज, नयी दिल्ली-110 002

फ़ोन : + 91 11 23273167, 23275710

शाखाएँ

अशोक राजपथ, पटना-800 004, बिहार

कॉफ़ी हाउस कैम्पस, महात्मा गांधी मार्ग, प्रयागराज-211 001, उत्तर प्रदेश

महात्मा गांधी अन्तरराष्ट्रीय हिन्दी विश्वविद्यालय, वर्धा-442 001, महाराष्ट्र

sales@vaniprakashan.in
vaniprakashan@gmail.com

Smritiyan Kabhi Nahin Martin
by Amarjeet Ram

ISBN : 978-93-7348-548-5

Poetry Collection

मूल्य : ₹ 395

जी.एस. ऑफ़सेट, दिल्ली-110 032 में मुद्रित
वाणी प्रकाशन का लोगो मक़बूल फ़िदा हुसैन की कूची से

समर्पण

प्रिय कवि, आलोचक
गुरुवर श्रीप्रकाश शुक्ल
के लिए

अनुक्रम

विषाणु

बहुत मक्कार और मरणान्तक निकले विषाणु
यन्त्रणाएँ तो बहुत हैं तुम्हारी
इतनी कि मरहूम लाशों के लिए
न ताबूत है, न पृथ्वी पर कोई जगह
अब तो रूह काँपती हैं नाम से
कि मारना ही तुम्हारी नियति है।

शायद तुम्हें पता नहीं
इस आतंक से
छिन गये कितनों के प्रेम
लाखों-करोड़ों की रोज़ी-रोटी
हुए कितने विधुर-विधवा
कितने मातृविहीन
वे बेहद मासूम बच्चे
जिनके होंठों से माँ के स्तन का दूध भी नहीं धुला था...

ख़ैर छोड़ो
अब तो तुम्हारे आतंक से न बुनकरों के करघे की आवाज़ सुनाई पड़ती
न राजगीर के करनी-बसूली का संगीत

इस कठिन वक़्त में
सम्पूर्ण विश्व ने ओढ़ रखी है
मायूसी की चादर
और तुम हो कि मुँह फैलाये
हवाओं में ज़हर घोल रहे हो

तुमसे इल्तिज़ा नहीं है
फ़क़त कहना ज़रूरी
यद्यपि तुम होते इन्सान
तो पूछा जाता तुम्हारा पूरा नाम
जाति-धर्म के अनुसार
दण्ड भी मिलता तुम्हें

हो सकता है कि तुम बच के भाग भी जाते
लेकिन पकड़े जाने पर
निर्वस्त्र पीटे जाते
किसी पेड़ से उल्टा लटका के
पिस्तौल की सारी गोलियाँ उतार दी जातीं
तुम्हारी खोपड़ी या सीने में
दोनों हाथ बाँध कर घसीटा जाता दूर तक

रौंद दिया जाता ट्रक से किसी खुले चौराहे पर
मार कर फेंक दिया जाता रेल की पटरियों के बीच
बोरे में कस के बहा दिया जाता किसी नदी में
या फिर छोड़ दिया जाता सुदूर किसी निर्जन स्थान पर
जहाँ कुत्ते, चील, कौवे नोच-नोच खाते तुम्हें

सच तो यह है कि तुम इन्सान नहीं हो
महज़ एक विषाणु हो

और विषाणु के लिए
कहाँ की फाँसी
कहाँ का कारावास
नहीं जिसका कोई अधिवास।

आज़ादी के गीत

यह सच है कि
सच को गलाघोंटू हो गया है
अहिंसा चीख़ रही है
चट्टी-चौराहों पर
इन्सानियत को दफ़ना दिया गया है क़ब्रगाहों में

विकलांगता के इस दौर में संवेदनाएँ शून्य हो गयी हैं
हर मोड़ पर लूट, हत्या, बलात्कार
मुँह फैलाये खड़े हैं
जहाँ तुम्हारी आज़ादी के गीत के बीच
हर एक को निगलता हुआ
देखा जा सकता है।

वह मारी गयी

वह मारी गयी
बिलकुल निर्दोष थी

उसके शरीर की हड्डियाँ
मेरे शरीर की हड्डियों से कम न थीं
उसके लहू का एक-एक कतरा
मेरे लहू के कतरे जैसा था
शिराओं और धमनियों में रक्त प्रवाह भी
हू-ब-हू वैसा ही था
उसकी साँस, उसकी धड़कन
उसका प्रेम, उसका संघर्ष और जिजीविषा
सर्वांग साधारण ही था
लेकिन अचानक कुछ ही समय में
सुला दी गयी मृत्यु की गोद में वह

उसके देह से उठती लपटें
कराह में बदलती गयीं और
लपटों में जलती आवाज़
धीरे-धीरे सन्नाटे में

वह मारी गयी
चक्रव्यूह में अभिमन्यु की भाँति
क्योंकि वह अकेली थी ?

वक़्त नहीं माफ़ करता

यह बिलकुल यथार्थ है
इसे झुठलाया नहीं जा सकता
हर युग में पैदा होते हैं आततायी
निष्ठुर और निर्लज्ज

जो अपने स्वार्थों के लिए
जनता की ही बलि देते हैं

राष्ट्र की जनता
उन्हें भले ही माफ़ कर दे
लेकिन वक़्त कभी माफ़ नहीं करता।

संकट के समय में

सोचो तब क्या होगा?
जब संकट के समय में
इन्सानों की तरह
सूर्य मना करेगा रोशनी देने से
चाँद, शीतलता
पेड़-पौधे मना करेंगे
फल-फूल छाया देने से
बादल पानी

सोचो तब क्या होगा?
जब पृथ्वी मना करेगी
अपने ऊपर रहने से
अग्नि आग देने से
हवाएँ मना करेंगी
हवा देने से

सोचो तब क्या होगा?
जब नदियाँ लौट जायेंगी
जैसे आयी थीं
सागर मना करेगा कुछ भी लेने से
आकाश के तारे टिम-टिमाने से

सोचो तब क्या होगा?
जब कलियाँ मना करेंगी
खिलने से
भौंरे गुनगुनाने से
वसन्त मना करेगा आने से
चिड़ियाँ गीत गाने से

सोचो तब क्या होगा?
जब बीज मना करेगा
अँखुआने से
ऋतुएँ आने से
जब पृथ्वी का एक-एक कण
असहमत होगा इन्सानों से
इन्सानों की तरह

फिर सोचो तब क्या होगा?

मुसहर स्त्रियाँ

मेरे गाँव से थोड़ी दूर
पूर्व दिशा की ओर
तालाब के किनारे
मुसहरों की मलिन बस्ती है

ये मुफ़लिस मुसहर स्त्रियाँ हैं
झोपड़ों में रहती हैं
सुअरों के घेंघा में
कटती हैं इनकी ख़ूँखार रातें

सुबह काम के तरजीह में
ये बच्चों की टाँगें किसी पेड़ से बाँध कर
कभी-कभी पीठ पर लादकर
बन्नी-मजूरी करती हैं
बोझा ढोती हैं
गिट्‌टी फेंकती हैं

तसले का तसला
मसाला चढ़ाती हैं कई मंज़िला

सीमेंट, बालू और पसीने से लथपथ इनकी देह
धूल-कीचड़-गन्दगी से सनी मटमैली आँखें
बेतहाशा सुलग रही हैं
भुरभुरे दर्द के साथ

संघर्षरत मुसहर स्त्रियाँ
बीड़ी के छल्लेदार धुएँ में
मिटाती हैं अपनी थकान
चुनौटी से निकले
सुरती-चूना को हथेलियों पर रख
मल देती हैं अपना सम्पूर्ण जीवन।

2

मनुष्यता की कोख से जन्मी
अनवरत संघर्ष में पिसती
मुसहर स्त्रियाँ
निर्निमेष पलकों से
देखती हैं आकाश की ऊँचाई

तप्त ख़ून से वाष्पित पसीने से
धोती हैं अपने बच्चों का विकट भविष्य
अदम्य जिजीविषा के साथ
सूर्योदय से सूर्यास्त तक

3

कभी
अनाज की मुसीबत आने पर
खेतों में जातीं मुसहर स्त्रियाँ
चिलचिलाती धूप में

तपस्विता भाव से
खोदती हैं चूहों के बिलों को

सर्प, बिच्छू से बच कर
ज़मीन की तपिश से
हटाती हैं,
मुसकइल
निकालती हैं
गेहूँ की सुनहरी बालियाँ
एक वक़्त की रोटी के लिए

4

संघर्षरत
मुसहर स्त्रियाँ
फटे-मैले कपड़े में रह लेंगी
कटिया कर लेंगी
खेतों से अनाज के दाने, लकड़ियाँ बिन लेंगी
किसी तालाब, पोखर से
सेरखी, बेर्रा, घोंघा निकाल लेंगी
तिन्नी का धान झाड़ लेंगी

बगीचे में लगे
महुआ के पेड़ पर चढ़ कर
पत्तियाँ तोड़ लेंगी
पत्तल, दोना बना कर
बाज़ार में बेचेंगी
लेकिन किसी से भीख नहीं माँगतीं।

दिल्ली दूर है

लोग कहते हैं
दिल्ली दूर है
माँ भी कहती थी
साफ़-साफ़
मुहावरे की भाषा में
मैं समझा
लेकिन देर से।

जब पथरा गयीं उनकी आँखें
पैदल चलते-चलते
जब सूख गये
उनके कँपकँपाते होंठ बिन पानी के
जब ऐंठ गयीं
उनकी आँतें भूख की आग से
जब सो गये
दूध मुँहे बच्चे कन्धों से चिपक कर

जब दिखने लगी
उनके चेहरों पर
महामारी की दहशत
और हो गये

किसी कार दुर्घटना का शिकार
चलते-चलते
मैं समझा
लेकिन देर से।

2

लोग कहते हैं
वे इस्पाती हैं
लोहे के बने हैं
जानते हैं ढलना समय से
लोहे की तरह
वे पत्थर से पानी निकालते हैं

वे
नाप देंगे
समुद्र
आकाश
पृथ्वी
एक ही बार में

मैं कहता हूँ
वे इन्सान हैं
बिलकुल मेरी तरह।

3

वे जानते हैं प्रेम
प्रेम का अर्थ और
प्रेम की परिभाषा
पैदा हुए हैं

इन्सानियत की कोख से
विपदाएँ उन्हें विरासत में मिली हैं
वे उदास ज़रूर हैं
लेकिन हारे नहीं।

वापसी

चलते-चलते छिले पाँवों और
अँगूठों को छोड़ चुके नाख़ूनों के घाव
अभी भरे नहीं
लाठियों की चोट का निशान

अभी हरा है
कपोलों से लुढ़कते आँसुओं की लकीरें
अभी मिटी नहीं

श्मशानों पर जल चुकी हड्डियों की राख
अभी घुली नहीं
क़ब्रिस्तानों पर जलते दिए
अभी बुझे नहीं
रास्तों में फँसे श्रमिक
अभी घर लौटे नहीं
किसानों का अनाज
अभी भी खेत में पड़ा है

विश्वव्यापी विपत्ति का बेनूर अँधेरा डटा है
अभी भी वक़्त बैठा है
हर कन्धों पर चाबुक लिये और
तुम हो कि वापसी की बात करते हो।

मैं घास हूँ

यह उत्साहहीनता का वक़्त है
छुआछूत का उत्तरकाल
नदी उलीच रही है रेत और सागर लहरें
शहर सन्नाटा बुन रहा है
चौराहे सब हैं ख़ाली

यहाँ से देखो!
ताला लटक चुका है
मन्दिरों और मस्जिदों में
अमलतास सूख रहा है
आओ बैठो मेरे पास
मैं विदग्ध, प्रतिकृष्ट
सदियों का सन्ताप सँजोये
बिछी हूँ तुम्हारे लिए
दबी, कुचली, तितिक्षु
नवजात की हथेलियों की तरह
बिल्कुल नर्म और मुलायम घास
तरह-तरह की घास

तहक़ीक़ तो यह है मेरे जीवन की
अक्सर वक़्त के धुँधले बदसूरत सन्नाटे में

उड़ेला गया तेज़ाब
बैठाया गया अग्नि पुंजों के बीच
बाँध के चलाया गया बुल्डोजर मेरे सीने पर
काटा गया मुझे वैसे ही जैसे
काटा गया एकलव्य का अँगूठा
और शम्बूक का गर्दन
जोता गया आधुनिक रोटाबेटर से
दबाया गया
भीमकाय शिलाओं से

मेरा आत्माभिमान
न जाने कितने टुकड़े-टुकड़े कर
डाल दिया गया किसी बदबूदार गटर में
दफ़न कर दिया गया
मुझे गाँव से दूर
दक्षिण दिशा वाले क़ब्रिस्तान में

तानाशाहों के घोड़ों के एक-एक टॉप से
कुचलवा कर छोड़ दिया गया।
सूखने के लिए

यह मेरी तहज़ीब है
अँखुआना मेरी नियति है और
नष्ट करना तुम्हारा काम
हमारे अँखुआने और
तुम्हारे नष्ट करने में
ढल जाता है सूरज

ढल जाता है चाँद और
तुम्हारा सम्पूर्ण जीवन

फिर भी खिल उठती हूँ मैं
नयी रोशनी के साथ शैलों के शीर्ष पर
बिन पानी, बिन खाद
क्योंकि मैं घास हूँ
बिलकुल नर्म और मुलायम।

करुणा के महासागर

हे करुणा के महासागर
महामानव बुद्ध
पृथ्वी पर महामारी बढ़ी है
आके करो अब शुद्ध
राजनीति पगुरी में लगी है
अर्थ व्यवस्था फुस्स
मृत्युशय्या पर देश सोया है
अब कैसे होगा ठीक?
टिकिया, वैक्सीन कुछ भी नहीं है
केवल है आश्वासन
संकट में फँस गया है सब कुछ
रोज़ी-रोटी-राशन

दिन उदास रातें ख़ामोश हैं
सड़कें ख़ाली-ख़ाली

घर बैठे हम देख रहे हैं
ठनक रही है थाली
इनसे होना कुछ भी नहीं है
बातें हैं निराली

संकट में है देश प्रभु अब
तुम ही करो रखवाली
कुछ तो मरे विषाणु से
कुछ मर गये भूखे-प्यासे
कुछ फाँसी पर झूले और
कुछ कट गये पटरी नीचे
रोटी के ख़ातिर निकले थे
छूट गया रोटी का साथ
अब तुम ही कुछ करो प्रभु!
तुम पर है विश्वास

विश्वयुद्ध से भी है भयानक
यह ससुरी महामारी
पानी भरे फिर इनके आगे
हुदहुद और सुनामी
नंगा नाच करे हैं प्रभु यह
देश पर है विषाइल
किसी का इस पर बस ही नहीं है
बम और मिसाइल

टाटा, बिरला, अम्बानी सब
घुसे हैं अपने घर में
आफ़त है मज़दूरों पर बस
कौन बनेगा सम्बल?
सदी का काला दौर है प्रभु यह
सोख रहा है जनता
मिट जायेंगे लोग तो फिर
कैसे बचेगी मानवता?

हे करुणा के महासागर
महामानव बुद्ध
पृथ्वी पर महामारी बढ़ी है
आ के करो अब शुद्ध।

तुमने कहा

ओ मेरे गूँगे अंधे, बहरे, भूखे, नंगे दलित देश
मेरे अनाम पुरखों की हड्डियों को कँपा देने वाले शोषकों
कहाँ मर गये तुम?
किस कुत्ते, सूअर के शरीर में
प्रवेश कर गयी तुम्हारी आत्मा
अब क्यों नहीं सुनते
मेरे आत्मा की आवाज़ ?

शब्द तुम्हारे थे
भाषा भी तुम्हारी
मतलब मैं गूँगा नहीं था
तुम्हारी व्यवस्था में
अपनी थी लाचारी

तुमने कहा कि झाड़ू बाँधो
बाँधा मैंने
तुमने कहा कि मटकी टाँगो
टाँगा मैंने
तुमने कहा कि गोबर फेंको
फेंका मैंने
तुमने कहा कि लकड़ी फाड़ो

फाड़ा मैंने
तुमने कहा कि डांगर फेंको
फेंका मैंने
तुमने कहा कि पत्तल चाटो
चाटा मैंने

तुमने कहा कि छूना मत कुछ
मैंने कहा हाँ जी, हाँ जी
तुमने कहा रात है
मैंने कहा हाँ जी, हाँ जी
तुमने कहा दिन है
मैंने कहा हाँ, जी हाँ जी
तुमने कहा पृथ्वी मेरी
मैंने कहा बिलकुल है जी।

मैंने पूछा बड़े प्यार से
बाबूजी फिर क्या है मेरा?

क़लम हो गयी धड़ से गर्दन
पशु थे तुम
पशु ही रहोगे
मरने पर लावारिस लाशें
इस दुनिया में
कुछ नहीं तेरा।

गाँव

जब कभी लौटता हूँ
शहर से गाँव
अपनों के सुख-दुःख से
होंठों पर जगती है मुस्कान
फिर आँखें भीग जाती हैं।

रोमांचित हो उठती हैं बाँहें
मिलते ही गाहे-बगाहे
जब ओ पूछते हैं अपना हाल
मिट जाता है सारा मलाल
फिर आँखें भीग जाती हैं।

ओ सड़कें, ओ गलियाँ
ओ ओरी और दुआर
ओ चट्टी, चौराहे
ओ वृक्ष फलदार
ओ महुआ, ओ पाकड़
ओ जामुन, ओ आम
ओ लिपटस, ओ शीशम
ओ झुरमुट की शाम
ओ मढ़ई, ओ लोरी

ओ आँगन, ओसार
जब याद आते हैं
फिर आँखें भीग जाती हैं।

ओ चिप्पी, ओ गोली
कबड्डी और लाली
मिला जो समय तो
खेला होलवा की पाती
ओ हॉकी, क्रिकेट
कभी बजाता था ताली
ओह! बचपन का मैं भी था
अच्छा खिलाड़ी
जब याद आते हैं
फिर आँखें भीग जाती हैं।

ओ मुर्गा, ओ मुर्गी
ओ कुत्ते और बिलार
ओ भेड़, ओ बकरी
दौड़ती नीलगाय

ओ गेहूँ, ओ जौ
चना और मटर
ओ गन्ना, ओ अरहर जिनको
देखा कई प्रहर
ओ पिता जी की डाँट और

माँ का ममता दुलार
जब याद आते हैं
फिर आँखें भीग जाती हैं।

ऐसी मस्ती में
कैसे पला बेख़बर
दिन, महीने, साल गुज़रे कितने इधर
आफ़त आयी जब रोटी की घर पर मेरे
गाँव छोड़ा और फिर मैं निकला शहर
खाया ठोकर शहर में मैं हर दर-ब-दर
सूखी रोटी और चटनी मुनासिब न थी
भूखा सोया मैं कितनी जगह बेकदर
जब याद आते हैं
फिर आँखें भीग जाती हैं।

2

पिता जी के ज़माने से ही देख रहा हूँ
गाँव और बाज़ार के बीच
एक बूढ़ा विशाल पीपल खड़ा है आज भी
जिसे लोग बुढ़ऊ बाबा के नाम से जानते हैं
गाँव की स्त्रियाँ इसी के नीचे
चढ़ाती हैं सोहारी और हलुआ
कुछ लोग गाँजा चढ़ाते हैं
कुछ धार
यहीं छूटता है वैवाहिक जीवन का बनवार
थोड़ी ही दूर पर है कोट की मरी माई का स्थान

जहाँ खड़े हैं दो गगन चुम्बी ताड़
उसी के पास फेंका जाता था गाँव का डांगर
जहाँ सैकड़ों की संख्या में
सुदूर से आते थे गिद्ध डांगर खाने
धनुहियाँ ताल में स्नान कर

उन्हीं ताड़ों पर अपना पंख सुखाते थे और
फिर सुदूर आकाश में उड़ जाते थे

यह भी उनकी एक ग़ज़ब की संस्कृति थी
ओ सिद्धनाथ जिसे सीधनाथ बाबा भी कहा जाता है
के पीछे वाला विशाल आमों का बगीचा
जहाँ चरवाहों की असंख्य गायें
दोपहर में विश्राम करती थीं और
चरवाहे कानों पर हाथ रख के
लोरकी की तान छेड़ते थे

ओ गाँव के बैजल बाबा जहाँ
मुसीबत के दिनों में गाँव की स्त्रियाँ
धार, अगरबत्ती चढ़ाती थीं
कभी-कभी सूअर का बच्चा भी
दीपावली की पूर्व संध्या पर
अपने-अपने घूरों पर
जम का दिया निकालती हैं
और आज भी दरिद्दर खेदने वहीं जाती हैं
गाँव की स्त्रियाँ साथ में गाती हैं मंगल गीत।

3

अब केवल स्मृतियों में बची है
चुन्नू दादा की विशालकाय नीम
जिस पर असंख्य कबूतर बसेरे करते थे
वर्षा न होने पर गाँव के बच्चे उसी के नीचे
निर्वस्त्र लोटते थे कभी

कुछ पुरनिये उसी के नीचे सुरती मलते थे
बीड़ी और गाँजा की कश लगाते थे

धन्य हैं वे लोग जो चले गये
अब न माँ है, न पिता जी और न रामफेर दादा
रामफेर दादा तो हवा, पानी, आग सबको चुनौती
दे देते थे
इनमें से किसी के तेज़ होने पर गालियाँ भी
अब न झींगुर बाबा हैं न उनका रिक्शा
जिस पर हम लोग सवारी करते थे और
उनके आने पर छिप जाते थे।

अब न नारद दादा हैं न उनका सनई का संठा
जिसे छूने मात्र से भी दौड़ा लेते थे दूर तक
अब न फुल्लू भैया हैं न उनके जेब में
रखी स्टेशन की गरम पकौड़ी
जिसे कोई टोह ले तो पेट भर गालियाँ देते और
ख़ुश रहने पर बाँट देते थे।

अब न अलकतरा फूफा है न उनका अमरूद
जिनके पलक झपकते ही दो चार अमरूद
पेड़ से ग़ायब हो जाते थे एकदम रसीले और
मीठे
जब तक ओ उठते अपनी लाठी सँभालते थे
तब तक बच्चे ग़ायब

बस अब केवल उस लोक की सुखद स्मृतियाँ हैं
और उन स्मृतियों में मेरा गाँव।

स्मृतियों में माँ

माँ
मुझे याद रहेगा वह दिन
जिस दिन तुम चली गयी
मुझसे दूर बहुत दूर इस दुनिया से
पिता तो पहले ही चले गये थे
उनके बाद तुम
पिता के जाने पर भुजा टूटी
तुम्हारे जाने पर रीढ़।

अब मुझे एहसास होता है कि
मैंने खोयी है दुनिया की अनोखी माँ
माँ अभी भी गूँजती है
तुम्हारी आवाज़ मेरे कानों में
तुम्हारा सच, प्यार, दुलार,
ममता, स्नेह, हँसी, मज़ाक़ और ठहाके।

तुम्हारे जाने के बाद
ढह गया खपरैल का छोटा घर
जिसमें तुम सोती थी और
भिनसार में उठ कर गेहूँ पीसती थी,
धान कूटती थी, उसे पछोरती थी

तुम्हारा कूटना, पीसना, पछोरना सामान्य नहीं
होता था
शताब्दियों की लोक संस्कृति को और मज़बूत
करना था।

रोटी से जुड़े इन कई सवालों में
प्रवाहित होती थी एक श्रम की संस्कृति,
जीवन-संघर्ष, प्रेम और सौन्दर्य
और हम सब कितने नासमझ थे कि
सुबह होते ही आँखें मलते हुए
पहुँच जाते थे कटोरी भर भात माँगने

उसी घर में, जिसमें कोठिली, कुंडा, चक्की,
पटनी, भंडारी, ओखल, मूसर और
सिद्धा पिसान की तमाम ठिल्लियाँ थीं

आज भी बची है ओ टूटी मड़ई
जिसकी खूँटी पर टँगी एक ढ़िबरी जलती थी
सारी रात पिता के रिक्शा चला के आने तक
अभी भी बचा है तुम्हारे हाथों से बना
माटी का चूल्हा
जिस पर खदकते थे दाल, भात के अदहन और
अदहन से करती थी मन ही मन कुछ बात
दहकती आग में भुसियों को झोंकते-झोंकते

झोंक दी अपना सारा जीवन
याद रहेगा माँ
मड़ई का एक-एक कोना
जहाँ चुप-चाप बैठ कर घण्टों

रोती थी तुम्हारी आत्मा और पूछने पर
तुम तबीयत ख़राब होने का करती थी बहाना

तुम्हारे जाने के बाद
अभी भी बहुत कुछ बचा है माँ
बची हैं तुम्हारी स्नेहिल स्मृतियाँ,
थपकियाँ और मधुर लोरियाँ
जिसे तुम सुनाती थी
सारी-सारी रात।

टूटी हुई नाव

मैं देख रहा हूँ
पिछले कई महीनों से
नदी किनारे
एक परिध्वस्त नाव
बिखरी पड़ी है उपेक्षित

मैं जब भी देखता हूँ इसे
मेरे अन्तस में घूमता है
जीवन और मृत्यु का एक चक्र
मैं चाह कर भी मुक्त नहीं हो पाता

सूर्य हर रोज़ लाँघता है इसे
रेत से उठती हवाएँ हिला देती हैं अन्दर तक
पूर्णिमा का चाँद ढलता है इसके अग्र नुकीले भाग पर
जुगनू प्रकाशित करते हैं
टिम-टिमाते तारों की तरह इसे अपनी रोशनी से
ख़ामोश और उदास रातों में झींगुर गाते हैं शोकगीत
तिलचट्टे दौड़ते हैं चारों तरफ़
दीमक नोचते हैं सारी रात
बेफ़िक्र चींटियाँ भी इसी के पास बना ली हैं अपनी
बिलें

लगातार कई महीनों से मकड़ियों का एक समूह
इसे बाँधने में लगा है
किन्तु एक-एक कर
सरक रही हैं इसकी कीलें
एक वक़्त था साहब!
कभी ग़रीब मल्लाहों के परिवार का
नून-रोटी चलता था इसी से
सुबह से शाम तक परिप्लव करती थी
नदी के देह पर
तरंगें चूमा करती थीं इसे बार-बार

ये कैसा समय का कुचक्र है?
अब न इसमें लय है, न गति

जब कई महीनों बाद
लौटता हूँ नदी किनारे
एक नयी उम्मीद के साथ
उसे वैसे ही पाता हूँ
वहीं पत्थरों के बीच टूटी हुई
किसी कोने में चुपचाप पड़ी हुई
बूढ़े पिता की तरह।

चैत्र पूर्णिमा का चाँद

हम सन्नाटे में निहारते रहे
चैत्र पूर्णिमा का कपासी चाँद
कि देश संकट से गुज़र रहा
मैंने देखा
महामारी के इस दौर में
धर्म और विज्ञान की
बहसें लगातार रहीं जारी

दोनों समाज के हिस्से हैं
एक ईमान है तो दूसरा शोध
हमारे बीच एक ऐसा समाज भी है
जो अन्धविश्वास और पाखण्ड के ढूह पर बैठा है

सच तो यह है कि अन्धविश्वास रेंग रहा है
दर-ब-दर
बिलबिलाते कीड़े की तरह
पाखण्ड पिघल कर
पानी-पानी हो रहा था इसी भू पर
भूखा-प्यासा लोकतन्त्र
सिसकियों में डूब रहा था और
चाँद मेरे भीतर उतर रहा था

दलित बस्ती का उजड़ना

यह प्राकृतिक अभिशाप नहीं है
मानव निर्मित अतिवाद, यातनाएँ हैं
इन यातनाओं से निकली आह
ज्वालामुखी को जन्म देती है

इधर मैं कुछ दिनों से परेशान-सा हूँ
यह जान कर कि
पक्का महाल की दलित बस्ती का उजड़ जाना
शिलाओं पर लिखा जाने वाला तारीख़ी, घटनाओं में से है

दलित बस्ती का उजड़ना
वर्षों की संस्कृति का ध्वंस होना है

जयप्रकाश इसी संस्कृति का हिस्सा है
एक दलित और बेबस मज़दूर है
पूर्वजों के अहर्निश प्रयासों से निर्मित
इसी मोहल्ले के एक छोटे घर में रहता है
जिसकी सँकरी गली मणिकर्णिका घाट पर खुलती है

घर के टूटने के मोह से
उसकी रुआँसी आँखों में सागर उमड़ जाता है

यह देख मैं हैरान होता हूँ कि
नाशाद जयप्रकाश नि:शक्त बोलता है
इस ग़रीबी में घर ही रहने का एक मात्र आधार था
आज रात यह भी टूट जायेगा नि:शेष
सरकारी फरमान और मशीनी ताक़तों द्वारा
फिर न जाने कहाँ जाऊँगा

साहब! मैं सिर्फ़ अकेला नहीं हूँ इस घर में
बूढ़े पिता और बच्चे भी हैं
मैं इतना सामर्थ्यवान नहीं हूँ कि
जुटा सकूँ महीने भर का राशन
ग़रीबी का एक-एक दिन काटना मुश्किल है
एक रिक्शा ही रोटी का ज़रिया है।

मैं अक्सर रात में
रिक्शा चला के लौटते समय उठा लाता हूँ
मणिकर्णिका से मुर्दों की जली अँगीठियाँ
उसी पर पकती हैं घर में रोटियाँ
अब चिताओं की जली अँगीठियों पर रोटियाँ बनाना
आदत सी हो गयी है साहब!
जाड़ों के दिनों में इसी पर पूरा परिवार कौड़ा तापता है

छटपटाहट भरी आवाज़ और डबडबायी आँखें
बहुत कुछ कहना चाहती थीं
उसके ऊपर दुखों का मानो पहाड़ टूट पड़ा हो

लेकिन धैर्यवान जयप्रकाश सब जानता था
आख़िर सरकार तो सरकार है।
उसकी हुकूमत का एतराज़ करना

लाठियाँ खाना है, जेल जाना है
उसे किसी की ग़रीबी से क्या फ़र्क़ पड़ता

साहब! आप ही बताइए न
सत्ताएँ इतनी क्रूर और निर्मम क्यों होती हैं
दलितों और मज़दूरों के लिए ?

गुब्बारों वाली लड़की

सदियों से सोये हुए लोग
धीरे-धीरे जगने लगे हैं
तुम सो गयी मुन्नी
बहुरंगी गुब्बारों के बीच

मुन्नी! मैं तुम्हारा नाम तो नहीं जानता
लेकिन तुम्हें भूल भी नहीं पाऊँगा
शौचालय के किनारे तुम्हारा सोना

ओह! चुभ गये ओ दृश्य
मेरी काली घनी पुतलियों में
बेध गयी तुम हृदय की गहराइयों तक
अपने निर्भय, निश्छल मन से
मैं स्तब्ध रहा
धूल गन्दगी से सना तुम्हारा तन
थक कर चूर-चूर हो रहा था

तकलीफ़ से तुम्हारे हाथ स्पर्शन में
बार-बार स्नेहाकुल थे
कभी सिर, कभी पाँव
कभी दे रहे थे देर तक

तकिया जैसा आराम और
तुम अपनी स्पृहा से
सोती रहीं देर तक
वसुन्धरा के वक्षस्थल पर
सब कुछ उसी को सहेज कर
बहती रही मेरी भावनाओं में कविता की तरह
जैसे बहती है एक नदी निर्बाध गति से

ओ तपसी बाला!
मैं जानता हूँ यह कोई तक़सीर नहीं
रोटी का सवाल है
क्या तुम्हें पता नहीं कि स्त्रियों के लिए
आज़ादी-ए-आकाश तो है किन्तु अभी भी
आज़ाद-ए-ज़मीं नहीं

यहाँ क़दम-क़दम पर व्यभिचारी मिलेंगे
आज़ाद भारत में भेड़ियों की संख्या बहुत अधिक है
ये शहर में खुलेआम घूमते हैं
आदमी की शक्ल में।

पिता के नाम चिट्ठी

मेरे पिता जी
थे बड़े कमाल के
बेहद मनमौजी, फक्कड़ और यायावर
लोगों की मदद करना शौक़ था उनका
वे गांधीवादी विचारधारा के नहीं थे
अम्बेडकर और भगत सिंह को जीते थे
वास्तव में थे बड़े स्वाभिमानी

पिता जी पढ़े लिखे नहीं थे
लेकिन रैदास के पद, कबीरे के दोहे
तुलसीदास की चौपाइयाँ, अम्बेडकर के क़ानून
लोकोक्तियाँ और मुहावरे ज़बानी याद थे
वे अक्सर बात-बात में कहा करते थे

वे गाँव के चौधरी भी नहीं थे
लेकिन लोग उन्हें बड़े अदब से
उस्ताद बोलते थे
गाँव की कोई समस्या
जैसे उनकी समस्या होती थी
उसमें वे सबसे पहले खड़े होते थे

किसी को सर्प काटा हो
कोई मर गया हो
किसी ने आग लगा ली
कोई भुखमरी का शिकार हो
किसी के घर डाका पड़ा हो
किसी की पैरवी करनी हो
किसी को मार के फेंक दिया गया हो
सबके लिए डट कर खड़ा होते थे
वो कभी अपने लिए जीवन नहीं जिए
हमेशा दूसरों के लिए जीते थे

उनका समय सामन्तों और ज़मींदारों का समय था
बहुत ख़ूँखार वक़्त
उनको रिक्शा चलाना मंज़ूर था
लेकिन ग़ुलामगिरी बिलकुल नहीं
ज़मींदारों के चक्कर में पाँच वर्ष जेल भी काटे थे
तब उस समय माँ ही पिता थी
जीवन में दो-दो नौकरियाँ इन्हीं कारणों से छोड़े थे
एक डीएल डब्ल्यू वाराणसी में गैंगमैन तो दूसरा
इलाहाबाद के किसी सरकारी स्कूल में माली का पद
अब इन दोनों शहरों से मेरा सरोकार और अदम्य
रिश्ता है
बनारस मेरी ज्ञान भूमि है तो इलाहाबाद मेरी कर्म भूमि

वैसे पिता किसी वृक्ष की टूटी टहनी नहीं होते
वे ख़ुद मोटे वृक्ष की तरह होते हैं और
सबको एक साथ डालियों की तरह बाँध कर रखते हैं
घर पर जब कभी-कभार कोई चिट्ठी आती थी
उस पर पिता जी का नाम ज़रूर लिखा होता था

डाकिया जब उसे पढ़ता था तब वे
चिट्ठी के एक-एक शब्द को बड़े ध्यान से सुनते थे

जीवन के आख़िरी समय में
एक दिन फिर वैसे ही एक चिट्ठी आयी
जिस पर केवल उनका नाम लिखा था
और कुछ भी नहीं
पूरा गाँव जुटा था
लोग उनकी अच्छाइयाँ पढ़ रहे थे
पिता जी
चिर निद्रा में डूब गये थे सदा के लिए।

उत्तर-आधुनिक चौथी पीढ़ी की प्रतिनिधि

यह प्रधान सेवक की हवाई यात्रा नहीं
जो दिल्ली से उड़ान भरे और
उतर जाये पृथ्वी के किसी कोने में
जनता की आँखों में धूल झोंकने के लिए

यह राज्य मन्त्रियों के हेलीकॉप्टर की भी यात्रा नहीं
जो चुनाव आते ही बरसाती मेढ़क की तरह टर्र-टर्र की
आवाज़ लगाते पहुँच जाते हैं मज़दूरों की झोपड़ियों तक

यह पूँजीपतियों की चमचमाती लग्ज़री कार यात्रा भी नहीं
जो ग़रीब जनता के ख़ून पसीने की कमाई पर इतराते हैं

दरअसल यह एक
राष्ट्र की अविलम्बित, सन्तप्त बाला की
अविस्मरणीय साइकिल यात्रा है
जो अपने बेबस पिता को पैठा कर खींच रही है
पेट और पाँवों के बल
भर रही है गति बेजान पहियों में

जेठ की अदहनी धूप

लपलपाती लू आँच के झुलसाते थपेड़े
सुलगती कोलतार की चटपटाती पथरीली सड़कों पर
धूल-धक्कड़ फाँकते हुए
तय कर रही है दूरी
दो, चार किलोमीटर की नहीं
बल्कि हज़ार किलोमीटर से ज़्यादा
गुरुग्राम से दरभंगा तक

यह घण्टों का हिसाब नहीं
कई दिनों और कई रातों की साधना है
इस साधना में उसके कोमल पाँव तप कर
और भी इस्पाती हो रहे हैं
यह समय का सच है कि
वह समय से मुठभेड़ कर रही है
गाँव पहुँचने की ज़िद में और
बनती चली जा रही है
नदी, आग, हवा और पानी

आग उगलती पृथ्वी
आज अपनी धुरी पर नहीं
रबड़ की पैडिलों पर घूम रही है

आँखों में खौलते आँसू अब
पसीनों में छन रहे हैं
कई बार पसीनों को पोंछती है
बालों को सँवारती है
तनिक सुस्ताती है फिर
पूछती है पिता से

उनकी आँखों में आँखें डाल
उनका हाल राष्ट्र बेटी

त्याग, सेवा, समर्पण की प्रतिमूर्ति
मन ही मन समझ चुकी है
सत्ताधारियों की मूर्खतापूर्ण घोषणाओं को
जिनका भविष्य में न कोई अर्थ है न मतलब

इसलिए वह पुन: उसी गति से चलती है वहाँ से
अब निकल चुकी है दूर-बहुत-दूर
वह छोड़ती चली जा रही है उन रास्तों पर
पन्त, निराला, नागार्जुन और केदारनाथ अग्रवाल के
उन तमाम स्त्री चरित्रों को बहुत पीछे

यह निर्मम सत्ता का दंश है
जिसे वह झेलती है और
आत्मनिर्भर होने का परिचय भी देती है

सच तो यह है कि कबीर के मुर्दों का यह गाँव
अब मुर्दों का देश बन चुका है

अपने-अपने हिस्से की नाव

(गुरुवर श्रीप्रकाश शुक्ल और चिकित्सक विजयनाथ मिश्र के लिए)

इतिहास में पहली बार ऐसा हुआ
जब सूर्य मछलियों की आँखों में
एक चमक के साथ उग रहा था
और पूरी दुनिया एक विषाणु के घातक हमले
से कहर रही थी

ठीक उसी समय
भय और आनन्द के बीच
पसरे बीहड़ सन्नाटे में
एक कवि और एक चिकित्सक
साहित्य और विज्ञान की ताक़त से
हुमुच-हुमुच कर
खींच रहे थे नाव
नाविक की तरह
अपने-अपने हिस्से की

अपने-अपने हिस्से की
ले रहे थे
धूप
हवा

पानी
और रेत
बड़े इत्मीनान से

घाट अपनी ठाट में मस्त था
चिड़ियों के कलरव से नदी उमंगित थी
रेत अपनी चमक के साथ लगातार
शीतल और भुरभुरी हो रही थी
हरिश्चन्द्र और मणिकर्णिका दहक रहे थे!

सुबह की नम हवा के साथ
ये बहे जा रहे थे
नदी के संग-संग
नदी की दिशा में दूर...
बहुत दूर तक

दुनिया के तमाम विपन्न व असहाय सम्बन्धों के बीच
यह एक नये सम्बन्ध की खोज थी जहाँ
शहर के तमाम शोर से गुज़रते हुए
अपने अपने हिस्से की पतवार पर
बहुत ज़ोर था!

दमघुटनी

दमघुटनी विफल है
जनता को चलाने में
रोज़ी-रोटी तो दूर
आत्मनिर्भर बनाने में

मर रही है सभ्यता
शिक्षा खूँटी, ताखे में
रो रहा है राष्ट्र...
अपने ही ज़माने में

रक्तरंजित हो गयी हैं
आज सड़कें देखिये

बुद्ध की करुणा कहाँ पर
सो गयी है देखिये
घोषणाएँ ओढ़ लीं
अपने ही हाथों से कफ़न

आत्माएँ ढो रही हैं
रो रही धरती, चमन।

उम्मीद

जब दुनिया की सारी ट्रेनें खड़ी हों स्टेशनों पर
हवाई जहाज़ हवाई अड्डों पर
बसें यहाँ-वहाँ बस अड्डों पर
लहूलुहान सड़कें शोकाकुल हों अभी भी
दहशत-ए-गर्द सन्नाटे में

जब सूर्य झाँकता है खिलखिलाते अमलतास से
और पसर जाता है गुलमोहर के झब्बेदार चटक लाल फूलों पर
यह वही समय है जब वह सोयी है
नीले आसमान के नीचे नीली चादर में लिपट कर देर तक
अपने बच्चे से बेफ़िक्र

बच्चा जिसके दूध के चार दाँत भी नहीं आये हैं अभी
अभी-अभी खड़ा होना सीख ही रहा है और
माँ अपनी ज़िम्मेदारियों से सदा के लिए मुक्त हो गयी
माँ को उठाने की ज़िद में बच्चा गिरते-पड़ते खींच रहा है चादर
उसे उम्मीद है कि कल की तरह आज भी उठेगी माँ
मुझे गोद में भरेगी कल की तरह
कल की ही तरह करेगी कपोलों पर बार-बार चुम्बन
फिर भर देगी मेरा पेट अपने अमृतमय दूध से

सच तो यह है कि बच्चा नहीं जानता
मौन मृत्यु की भाषा
जीवन का सच।

सन्नाटे की चीख़

यह कठिन समय है
क्रूर और अमानवीय
विपदाएँ काले मेह की तरह बरस रही हैं
यहाँ-वहाँ, सम्पूर्ण विश्व में
सड़कें रक्तरंजित हैं
दिशाएँ स्तब्ध

जेठाग्नि सन्नाटे में
हवाओं में काँप रहा है
चीख़ का एक-एक कतरा
पंजे और हाथ की अँगुलियाँ
गर्भवती स्त्रियों की रक्तिम आवाज़ें
असंख्य मृत मज़दूरों के अनकहे सच

ऐसे संकट के समय में
जब ईश्वरी सत्ता नाकाम सिद्ध होती है और
पृथ्वी पर कहीं नहीं बचती प्रेम करने की जगह
तो तुम उदास मन और कोमल हाथों से चुन लाती हो अंचरा भर
टेंगुरी और बेइल के सफ़ेद-सफ़ेद शान्ति के फूल
बुद्ध की करुणा के लिए

अम्बेडकर के सामाजिक न्याय के लिए और
रैदास के समता, समानता एवं विश्वबन्धुत्व के लिए
ताकि पृथ्वी पर बच सकें इन्सान
सभ्यता और मानवता।

कामिनी

पृथ्वी उदास है
धूप में आग है
हवाओं में लपटें
कामिनी तुम खिलो

तुम खिलो कि ज़मीं से मिटे
गुबरैलों से आती दुर्गन्ध
तुम खिलो कि तुम्हारी ख़ुशबू से पटें
पृथ्वी की संक्रमित दरारें
तुम खिलो कि लपटों में शीतलता आये

तुम खिलो कि छँटें गहन अँधेरी रातें
तुम खिलो कि महकें सुदूर गाँव-दर-गाँव
और महकें दलित झोपड़-पट्टियाँ

तुम खिलो कि तितलियाँ रंग भर रही हैं अभी पंखों में
तुम खिलो कि चमक उठें भौरों की आँखें
तुम खिलो कि आकाश भी चूमें तुम्हें

कामिनी तुम खिलोगी तो जीवन खिलेगा
खिलोगी तो खिलेगी मनुष्यता और
युगों-युगों तक जीवित रहेगा प्रेम

कामिनी! तुम खिलो

स्मृतियाँ कभी नहीं मरतीं

स्मृतियाँ कभी नहीं मरतीं
हर युग में, हर जन्म में
मरता है शरीर

चिताएँ जलती हैं दिन-रात
स्मृतियाँ कभी नहीं जलतीं।
हर युग में, हर जन्म में
जलता है शरीर

वे उठती हैं
उन्हीं चिताओं की लपटों से
हवा और धुआँ के साथ
बड़े वेग से

वे उठती हैं
माँ के आँचल से
पिता के कन्धे से
बहन के राखी से
मिट्टी की सोंधी ख़ुशबू से
गाँव, घर और लोक से

वे उठती हैं
जेठ की धूप से
पूस की ठण्ड से
सागर की लहरों से
रेत में सोयी नदी से
वसन्त की भीनी-भीनी ख़ुशबू से
सावनी फुहारों से

वे उठती हैं
रेड़ते धान से
गेहूँ की सुनहली बालियों से
टपकते महुए से
आम की मंजरियों से
भूख से तनी आँतों से
जीवन के सुख-दुःख से और
कवि की कविता से

स्मृतियाँ कभी नहीं मरतीं
हर युग में, हर जन्म में
मरता है शरीर।

रोपनहरी

धान रोपती गाँव की स्त्रियाँ
कमरकस लटकी हैं
घुटने भर लेव में
सुबह से शाम तक

समय को फटे मैले आँचल में सँजोए
चिलचिलाती धूप और उमस के पसरे सन्नाटे को सोखती
वह रोप रही हैं

बिगहा-दर-बिगहा खेत
अपनी आँतों में भूख और
पीठ पर सूर्य को बाँध कर
आत्मनिर्भर मज़दूर स्त्रियाँ
रोप रही हैं
देश का सुनहला भविष्य

मड़ई

पुरखों के ज़मीं पर खड़ी
माँ की झुर्रियों में लटके पसीने की आग से बनी
यह मड़ई
एक निशानी है
मेरी तरह

एक ऐतिहासिक दस्तावेज़ है
सभ्यताओं के दबे शिलालेखों की तरह
एक वक़्त था साहब!
जब कभी इसके शीतल छाँव तले
बर्फ़ की तरह पिघलता था पिता का प्रेम
समन्दर की ऊँची शीतल लहरों की तरह
उठती थी माँ की ममता और
एक आलिंगन में खिल उठते थे घर के लोग

यह भी सच है कि नीम के दरख़्तों से
झड़ते थे फूल रात भर और
सुबह होने तक
फूलों के लिबास से ढक जाती थी
यह मड़ई

बचपन में
ग़रीबी के सुख-दुःख के दिन कटे थे इसी में
कई-कई बार पिता के इन्तज़ार में चूल्हा नहीं जलता था
किन्तु माँ किसी को भनक तक नहीं लगने देती

मुझे यह भी नहीं पता कि कितनी बार
भूखे पेट सोयी होगी माँ इस मड़ई में और
कितनी बार काटी होंगी दुःख की रातें

अब न माँ है न पिता
वर्षों से लू आँच के थपेड़े
झेलते-झेलते क्षत-विक्षत और जर्जर हो गयी है
जर्जर इतनी कि अब तो सावनी फुहारें भी नहीं झेल पाती

कभी-कभार देर-सबेर शहर से लौटने पर
गाँव में मेरे बच्चों के रहने का एक विकल्प थी यह मड़ई

इसकी ही चौखट पर माँ ने ली थी आख़िरी साँस
यह भी आख़िरी साँस ले रही है
अपनी ही गोद में
बिलकुल माँ की तरह।

अबकी इस सावन में

सावन बरस रहा है
एक अद्भुत सौन्दर्य लुढ़क रहा है
कठगुलाब झामर मारे खिला है
अपनी सफ़ेदी में हुलस रहा है

जनता की आँखों में
अच्छे दिन की उम्मीद है
प्रेम में चातक मन तरस रहा है

अबकी इस मौसम में
दुःख की फुहार है
सावनी गीतों में दर्द है
संकट भी अपार है

इस संकट के समय में
ईश्वर भी मौन है
बची-खुची जनता महामारी से बेचैन है
ईश्वर अपने न होने का प्रमाण सदियों से दे रहा है
पाखण्ड है कि अपने ज़िद पर अड़ा है
पानी पीट रहा है

रिश्ते फ़ोटो फ्रेम की तरह दीवालों पर टँगे हैं
किसको किसकी ख़बर है
सब मन ही मन ठने हैं

किससे कहूँ, मैं कैसे कहूँ?
सबका यही तो हाल है
बेख़बर है राजा
जनता बेहाल है

सावन बरस रहा है
एक अद्भुत सौन्दर्य लुढ़क रहा है।

क़हर-ए-बाढ़

मौसम कुछ अजीब था
जिसे रोकना या बाँधना असम्भव
बादलों में भीषण रव
बिजलियों में चमक
हवाओं में उदासी थी
समय घुड़सवार की तरह
टिक-टिक करता
निकला जा रहा था

यह जलकुम्भियों के इतराने
बबूलों के गदराने
कीचड़ों के हरियाने और
नालों के उफान मारने का समय था

यह समय था गदहों के हिनहिनाने और
भेड़ियों के लार टपकाने का
यह समय था
जल के ज़ुल्म का
क़हर-ए-बाढ़

हाय!
उन घरों की क्या कहें?
जिन घरों में चूल्हों की संगीत
तब्दील हो गयी ख़ौफ़नाक भँवर तरंगों में
डूब गयीं ओ प्रहरी प्राचीरें, घर और आँगन
आँगन में लगा तुलसी का बिरवा और
वे बेज़ुबान डबडबायी आँखों वाले मेमने

ऐसे बुरे वक़्त में
एक पत्थरबाज़ उछालता है
एक पत्थर जल की गहराई में
ठहाके लगाकर हँसता है और
लिखता है
बाढ़ का सौन्दर्यशास्त्र।

किसान और उनके बच्चे

ऐ धुआँ जा
सुदूर उन बादलों से
जा के कहना कि
खेतों में धान रेणने लगे हैं
मकई के बालों में
दुधे लगने लगे हैं और
सनई में लगने लगे हैं फूल

कहना कि
मखमली दूब से सजी
गाँव की नम और मुलायम
सगन्ध पगडंडियों पर
दादुर गा रहे हैं
स्वागत गीत
पपीहे साधनारत हैं
कबीर और रैदास की भाँति
और मयूर कर रहे हैं कत्थक नृत्य

ऐ धुआँ जा
जा के कहना
उन काले घने बादलों से कहना

किसान सिर पर
गोबर की टोकरी
कन्धे पर फावड़े और
फेंटे में सोहनी खुरपी
लेकर निकल पड़े हैं
अपने खेतों की ओर

निराई करती स्त्रियाँ
गा रही हैं
फ़सलों के मंगलगीत

कहना कि
तुम्हारे इन्तज़ार में
उनके बच्चे घोघी डाले
और हाथों में काग़ज़ की कश्ती लिए
खड़े हैं अपने ओरी के पास

ऐ बिजलियो
ज़रा धीमे चमकना
लोहू हाड़-मांस से निर्मित
ये नन्हे बच्चे क्रान्ति के बीज हैं

इनकी मुस्कान में
मेरी मुस्कान है
इनकी साँसों में
मेरी साँसें शामिल हैं।

तुम भी लौट आओ

समय की दरिन्दगी से आहत
मुट्ठी भर कालिख पुती
गहन अँधेरी रात
सिसकते हुए
लौट रही है
शबनमी सुबह की ओर

तुम भी लौट आओ
जैसे महुए में लौट
आयी है महक
जैसे आमों में
लौट आयी हैं मंजरियाँ
जैसे शिरीष के फूलों की
ख़ुशबू में लौट आया है जीवन
जैसे वनों में
लौटता है शिशिरान्त
जैसे नवजात में
लौटती है भाषा

लौट आओ
आओ, मेरी बाँहों में बाँहें
डाल कर देखो
सूर्य की किरणें
तुम्हारे होंठों की
लालिमा से अतिरंजित
अशोक के फूल पर
पसर चुकी हैं

अर्धरात्रि से ही चाँद
नीम की टहनियों में अटका
हरे पत्तों के बीच
कपासी रंग भर रहा है

हरी-बिछली घासें
चुन रखी हैं मोतियाँ
तुम्हारे कानों के लिए
बेइल ने सजा रखी है
सफ़ेद-सफ़ेद फूल
तुम्हारे जूड़े के लिए
यहाँ से सुदूर पहाड़ों पर
बुरांश के फूल
टपकाने लगे हैं महावरी रंग
तुम्हारी एड़ियों के लिए

इसलिए आओ
बार-बार आओ
मेरी बाँहों में बाँहें
डाल कर कहो

तुम हो तो हम हैं
हम हैं तो तुम हो
हम दोनों हैं तो
सृष्टि और जीवन है।

संगम तट पर

ऐ शाम
ज़रा ठहर
भर लेने दे मुट्ठी भर रेत
अपनी हथेलियों में
उद्विग्न नदी
छटपटा रही है
दग्ध सैकत भूखण्ड में

ऐ शाम
ज़रा ठहर
अभी तप लेने दे
देश-प्रेम की तप्त भट्ठी पर
तन्दूरी चाय की मटकियाँ
चाय की उबाल में
देश बह रहा है

ऐ शाम
ज़रा ठहर
अभी डूबने दे
साइबेरियन पक्षियों की
काली घनी पुतलियों में

अक्षय वट झड़ रहा है
मेरे भीतर

ज़रा ठहर
ऐ शाम
देखने दे रेत पर पसरे
वेदान्ती ढोंग के रंग
जीवन त्रस्त है

ऐ शाम
ज़रा ठहर
सुनने दे जनता की
कोलाहल भरी चीख़
यहाँ जाति-धर्म और
देश-भक्ति के नाम पर
राजनीति के जंग लगे ख़ंजर
जनता के ही पेट में
उतारे जा रहे हैं

ऐ शाम
ज़रा ठहर
मुझे लगने दे इन रेकानों पर
किसिम-किसिम के फूल और पौधे
ऑक्सीजन की कमी से
अस्पतालों में
नवजात मारे जा रहे हैं
ज़रा ठहर

ऐ शाम
तुम्हारी रोशनी में
पका लूँ
गर्म और मुलायम रोटियाँ
क्योंकि भूख से मेरी आँतें
फटी जा रही हैं।

क़हर-ए-कोरोना

देशवा में चौमुख अगिया लगल बा
फइलल बा चहूँ महामारी
घरवा से कइसे बेटी निकसी बहरवाँ
घूमत हवैं वायरस अऊर व्यभिचारी

हाल सरकार क न देखत बनत बा
के से कहीं दुखवा, लचारी
थनवा प बतिया दरोगवो न सुनला जे
देला उलट चार गारी।
अँखियाँ से हर-हर टपक जा ला लोरवा
जाई कहँ मड़ई, ओसारी।

औषधि के नाम प मिलत
गोमूत्र बा
कहें इ बा कोरोना क सच्ची दवाई
बड़ा दुर्भाग्य दिखत बा रे भाई।

साइमन कमीशन वाला नारा लगत बा यहाँ
गो बैक कोरोना, गो बैक कोरोना
कहें पढ़े-लिखे भाई

साचो दुरभाग्य बा इ देशवा के हमरे
नारा बनल बा वायरस क दवाई

धड़-धड़ लसिया गिरत बा वुहान में
भइल नागासाकी हिरोशिमा रे माई
फाट के करेजवा इ दोना हो जात बा
बोला तोहके कइसे दिखाई

छींकल-खाँसल मुश्किल भइल आज इहवाँ
लोग कहें तनी दूर हटा मोर भाई।

मछली

तुम्हारी जिजीविषा
सागर से भी गहरा
नदी से भी लम्बी

तुम्हारा प्रेम
एकनिष्ठ
पानी सा पारदर्शी

तुम्हारा संघर्ष
निर्द्वन्द्व
आत्मनिर्भर

तुम्हारा सौन्दर्य
सर्वथा
सुखकर

यह
पृथ्वी
आकाश
हवा

पानी
आग

सबको पता है कि तुम निर्दोष हो
फिर भी मारी गयी मगरमच्छों के बीच घेर-घेर
अपने ही घर में चक्रव्यूह की तरह।

नदी

नदी
रेत को सीने से लगाये
मछली की आँखों में चमकती
उसकी साँसों में बहती
असंख्य आत्माओं को मुक्ति का मार्ग देती हुई

सागर होने से पहले
चुप-चाप
अँधेरों को चीरते
बहती चली जाती है
बीहड़ भूखण्ड में और
सीप में रचती है मोतियों की दुनिया।

हिन्दी

तमाम विमर्शों को कोख में लिये
जीवन में रोज़ टूटते-बिखरते
अपनी सांस्कृतिक गौरव के लिए ढाल बन
अतीत से ही संघर्ष और प्रतिरोध रचते
लोक की अस्मिताओं पर सवार
हिन्दी चली आ रही है एक नदी की तरह

अपने स्वभाव व स्वाभिमान से
कल सूर्य की सुनहली किरणों में घुलेगी
खिलखिला कर उठेगी नये सौन्दर्यबोध में

हवा में फूटेंगी मधुर ध्वनियाँ
और अपनी भाषा में फैल जायेगी विश्व पटल पर।

बहादुर

तुम्हारे पास शिला पर बैठा मैं
तुम्हें ही देख रहा था कि ओ बहादुर
तुम उलझते जा रहे थे नुकीले गोल-गोल
पत्थरों और रस्सियों के बीच

पत्थरों के संगीत में मग्न तुम नाप रहे थे
समुद्र तल से पहाड़ की ऊँचाई
नाप रहे थे तुम धरती और आकाश के
बीच का अनहद फ़ासला

तुम्हारी इन सतरंगी रस्सियों में
न बसन्त की ख़ुशबू थी, न पश्चिम की बयार
कँधे और पीठ के बीच तनी क्रान्ति की
चाबुकीय सफ़ेद रस्सियों में
पसरा हुआ था एक बीहड़ रेगिस्तान
जहाँ तुम थे, केवल तुम भूखे-प्यासे और नंगे पाँव।

पिता

पिता अपनी जर्जर हड्डियों को तपाते रहे
ख़ून-पसीना बहाते रहे
झेलते रहे
हर मौसम के थपेड़े
बोधिवृक्ष की तरह

तुम बेशर्म!
टकटकी लगाये नफ़रत की
पोंछने तक नहीं दिये
उनकी झुर्रियों से
लुढ़कते खारा पानी।

दीमक

मेरे वक़्त के दीमक
बस! बहुत चाट लिए
मेरे पूर्वजों की पाण्डुलिपियाँ

तुम्हें पता नहीं
बाज़ार में बिकने लगी हैं
सल्फास की गोलियाँ।

लोगों को मरते देख

लोगों को मरते देख
मैंने माँ से कहा
माँ! मैं भी मर जाऊँगा
ऐसे ही एक दिन।

छूट जायेंगे।
शब्द, भाषा, संस्कार और संवेदनाएँ...।
यहीं कहीं अवनि पर
जो तुमसे अर्जित हैं।
जीवन में विविध रंग और सौन्दर्य
भरने वाली माँ ने कहा
मृत्यु ख़ौफ़नाक होती है
किन्तु चिर सुन्दर।

तुम मरना तो अम्बेडकर की तरह
कबीर और रैदास की तरह या फिर
कलाम की तरह मरना
ताकि युगों-युगों तक
रह सको ज़िन्दा
आगामी पीढ़ियों के बीच।

माँ पढ़ी लिखी नहीं थी
वह नहीं जानती थी
निराला, नागार्जुन, मुक्तिबोध और धूमिल की भाषा
लेकिन दु:ख उनसे कम नहीं झेली थी
शायद उनसे भी अधिक।

वह स्वयं में देश भाषा की शब्दकोश थी
अनगढ़ता की पाण्डुलिपि थी
उसकी अपनी समझ और ताक़त थी।
कलेजे पर पत्थर रख
एक दिन वह अपने लोकभाषा में बोली

याद रखना
उन महान आत्माओं को
जो तुम में और हम में आज भी ज़िन्दा हैं।

यक़ीनन तब से मैं आत्मसात कर रहा हूँ
उन महान आत्माओं को
मरने के लिए।

कोहरा में गोहरा

गँवई
श्रमशील स्त्रियाँ
सुबह-सुबह
बच्चों को गाती बाँध
हाड़ कँपाती ठण्ड में
बिस्तर की चादर छोड़
कोहरे की चादर ओढ़

चूल्हा-चौका से पूर्व
उठा लेती हैं सिर पर
छिट्टा भर गोबर
निकल जाती हैं नंगे पाँव खेत, खलिहान...।

फूटती अँगुलियों के पोर-पोर से
निकलती है शीतल आग
वे लगातार सानती रहती हैं
मिट्टी की सोंधी ख़ुशबू में
गन्धाती सानी-भूसा और
गेहूँ की गाँठ में गोबर

गँवई
श्रमशील स्त्रियाँ
अपनी लौह हथेलियों से
पाथती हैं गोहरे में आग
चूल्हे का सुहाग
भूख और रोटी
कोहरा में गोहरा।

चूल्हे में अकाल

जाड़ा में कोहरा
स्थूल और काला
चूल्हे में अकाल है
फ़सल पर है पाला

आसन पर आश्वासन है
उम्मीद पर है ठाला
मौत, हत्या झूठ पर झूठ
गले में है माला।

मसूरी की शाम

श्रम और संस्कारों में पूरित
एक मज़दूरनी
अपनी स्पृहा से
पहाड़ के उच्च शिखर पर बैठी
मोख रही है सन्निबद्ध भीमकाय
शिलाओं के दरार और उसके
सिर पर पड़े दुकूल से
एक अनगढ़ सौन्दर्य झाँक रहा है।

सन्निहित देवदारु के दरख़्त से बँधा
एक नन्हा सा बच्चा
हिशर और काफल के
खट्टे-मीठे स्वाद के साथ मस्त है
गिट्टी और मिट्टी में
उसे इन्तज़ार है माँ के आने का

यह मसूरी की वही शाम है
वही समय है
जब सूर्य बुराँस के चटक लाल फूलों पर अटका है
झरनों के संगीत में शाम झील की गहराई में उतर रही है
पहाड़ी चिड़ियाँ चोंच में दाने दबाये

लौट रही हैं घोंसलों की ओर
गिलहरियाँ दरख़्तों पर बँधे गुम्बदाकार पुआल पर बैठी हैं
और जल्दी-जल्दी कुतर रही है धान की पईया

मर्कट अपने बच्चों को पीठ पर लादे
चढ़ रहे हैं विशालकाय चीड़ के आख़िरी साख पर
बहादुर कन्धे पर पोटली टाँगे घर की ओर

शिकार की तलाश में
गुलदार झुरमुट का आड़ लिये
नदी के मुहाने पर बैठा है शान्त
लटकती हुई चीभ से टपक रही है लार

यह वही समय है
जब एक मज़दूरनी
अपने अन्दर समेट रही है
सम्पूर्ण पहाड़...।

पहाड़ी स्त्रियाँ

पहाड़ नहीं हाँफते
न पवन, न झील, न नदियाँ
हाँफती हैं घास और लकड़ी
का गट्ठर लेकर घर
लौटती पहाड़ी स्त्रियाँ

वैसे ही जैसे जल ही सतह पर
हाँफती है एक मछली।

मौन संवाद

जलते चूल्हे के पास बैठी स्त्रियाँ
समझती हैं भाषा आग की

समझती हैं सती होने का अर्थ
जली अँगीठी की राख पर
उकेरती हैं आकृतियाँ
अपने देह के भूगोल का दोहराती हैं इतिहास नारी होने का

बुदबुदाते दाल, भात के अदहन से
करती हैं मौन संवाद
अपनी अस्मिता के सन्दर्भ में।

निर्भया

कोई अपना होता
मुझे प्यार करता
समझता मुझे
अपने ही दिल का रिश्ता

न मैं आज लुटती
न मैं आज मिटती
न होती कभी
इन्सानियत की हिंसा

मरी मैं नहीं हूँ
मरी है अहिंसा
खुला आसमाँ था
सड़क ख़ाली-ख़ाली
अँधेरों में जकड़ी गयी
मैं अकेली
न मैं रात जाती

न मृत्यु दण्ड पाती
कलंकित न होती
ये दिल्ली हमारी

मरी मैं नहीं हूँ
मरी स्त्री आजादी
कहो दामिनी
निर्भया चाहे जितना

बना दो मुझे अनामिका
चाहे जितना लिखो
कोरे कागद पर कविता, कहानी

न मैं आने वाली
न मैं आने वाली।

स्त्रियाँ राख नहीं होतीं

स्त्रियाँ
प्रकृति से
प्रकृति जैसी होती हैं
निश्छल
निर्मल
सुखद

शरद पूर्णिमा के
चाँद की तरह शीतल
अगहनी धूप और
आग की तरह मधुर

स्त्रियाँ
इतिहास राग होती हैं
राख नहीं होती।

दुरभिसन्धि

अमावस की चाँदनी रात
बसन्त की भीनी-भीनी ख़ुशबू
देवदारु के हौले-हौले झोंके झींगुरों की मधुर लोरियाँ
और चीड़ों के झब्बेदार थपकियों में
सोया मसूरी
प्रातः आँखें मीचने लगा है

एक सुनहली सुबह के साथ
सूर्य की किरणें
मलिन झोपड़-पट्टियों पर
दे चुकी हैं दस्तक
बुरांस एक अबोध बालक
की हँसी में
घुल रहा है

अफ़सोस!
दम तोड़ती दूभर नदी शान्त है
मैं झरनों के संगीत में
अतीत तलाश रहा हूँ
तलाश रहा हूँ
पहाड़ी के पार्श्व में

उस मज़दूरनी के पवित्र पग चिह्न
जो मिट्टी-गिट्टी,
ईंट-पत्थर
ढोते ढोते
दो घाटियों के बीच
कहीं गुम हो गयी
सिर्फ़! एक रोटी के लिए

मैं बेबस मौन चट्टानों से
पूछ रहा हूँ उसका पता
जानना चाह रहा हूँ उसका हाल
कि क्या वह
बची है अभी भी
पितृसत्ता के ख़ौफ़नाक
हथियार से?

या फिर मार दी गयी
दुरभिसन्धि से
किसी सूनी सड़क
या चौराहे पर अकालिक

जैसे मार दी गयीं
देश की अनगिनत बेटियाँ।

कौवे

ओ रे कौवे!
देख
ये हाड़-माँस और ख़ून
से बने बुभुक्षित दलित बच्चे हैं।
बेहद संघर्षी
ये जीवन में कभी उदास नहीं हुए
इनकी हँसी तुम्हारी हँसी
जैसी नहीं है
न इनका दुःख ही

परिभ्रष्ट, ये कौन-सा आरक्षण है
और किस वेद, पुराण में वर्णित है
तुमने कितनी बार चालाकी से छीनी है
इनके हाथों की रोटी
ये मुस्कुरा कर दे दिये
छीना तुमने कटोरी भर भात
न्योछावर कर दिये
और ख़ुद भूख से भात-भात चिल्लाकर मर गये

देख! उलट कर देख!
अपने इतिहास को

ये तुम्हारे रंग जैसा ही स्याह है
तुमने हर बार पोती है अपने ही हाथों
उस पर कालिख
लीप दिया है उसे विशुद्ध गाय के गोबर से

तुम गुनहगार हो
किन्तु तुम्हें फाँसी नहीं मिलती
तुम्हारे फड़फड़ाते पंख नहीं कुतरे जाते

इस सहमे लोकतंत्र में
धर्म तुम्हारा है
सत्ता तुम्हारी है
लोग भी तुम्हारे हैं

इसलिए, छीन लो
जितना छीनना है
इन असहाय बच्चों का अधिकार

शायद तुम्हें पता नहीं
संविधान के पन्नों
पर टंकित शब्दों में
कितनी आग है।

जाति-धर्म के बन्धन से मुक्ति की तलाश

न हम नक्सलवादी थे
न आतंकवादी
कई सवालों से घिरा
मेरा सहिष्णु अतीत
तुम्हारे पंजों में
अपनी दुआ की भीख
माँग रहा था

तुम मसलते रहे
कीड़े-मकोड़े की तरह
धमकियाँ दे देकर
करते रहे मासूमों की हत्या
भ्रूण हत्या
जलाते रहे लोगों को
घरों में ज़िन्दा
प्रशासन के मुँह पर
ताला मारकर।

मन्दबुद्धि!
तुम्हें पता नहीं
ये कीड़े-मकोड़े

जाति धर्म के
बन्धन से मुक्त
देश की संस्कृति हैं
सुन्दर विचार हैं
जिसमें अन्तर्निहित है
एक बगदादी भूख
प्रेम और सौन्दर्य।

यातना से घबराये हुए शब्द

अतीत की यातना से
घबराया हुआ शब्द
समझ चुका है द्रोण की
घिनौनी नीति को

एकलव्य को सावधान कर
तोड़ चुका है महाभारत रूपी चक्रव्यूह को और
बना चुका है ख़ुद को
कर्ण जैसा शक्तिशाली

स्वयं को मज़बूत बहुत मज़बूत कर
साध चुका है लक्ष्य मठ और गढ़ को
आधुनिकता से सराबोर
वर्तमान को दे रहा है चुनौतियाँ

ललकार रहा है भविष्य को
हाथों में ख़ंजर लिये

आ मक्कार! तेरी जाति की।

हृदय का सन्ताप

मैं मदारी के तमाशे की तरह
भरे बाज़ार में
अपने युगों-युगों के अतीत को
डमरू की ताल पर
बाँसुरी की मधुर संगीत में गाता हूँ
मैं कौन? कैसे और क्यों?

मैं गाता हूँ बार-बार
अगर यह सत्य है कि
आत्मा अजर और अमर है तो
यह भी सत्य है कि लेने होंगे तुम्हें भी
चौरासी लाख योनियों में जन्म हर बार
बनना पड़ेगा तुम्हें भी
कुत्ता, सूअर और सियार
जीना पड़ेगा कीड़े-मकोड़ों का जीवन
प्रकृति के साहचर्य में

फिर भी याद रखो
धर्म के ठेकेदारों
तुम्हारी हवेलियों में क़ैद देवता भी नहीं रोक पायेगा
मृत्यु के आख़िरी समय में जब

हॉस्पिटल के स्ट्रेचर पर लहू की लटकी बोतलों पर
नहीं लगा होगा जाति-धर्म का ठप्पा
कहीं नहीं लिखा होगा
भंगी, डोम, हरिजन और चमार
जो दौड़ेगा तुम्हारी धमनियों में
फेफड़ों में और श्वसन की नलियों में
बन के जीवन का आधार।

भेड़िए

बस! बहुत हो चुका भेड़िए
घूरना और गुर्राना बन्द करो
यह इक्कीसवीं सदी है
हाशिये के समाज की सदी
पूरे शहर में मशाल जल चुकी है
जिसका प्रकाश-पुंज
पसर चुका है
झोपड़-पट्टी से गुफाओं तक

यातना की परछाइयाँ
अब नहीं काँपने वाली
अब नहीं लगता डर
तुम्हारे ख़ूँख़ार शक्ल से
तुम्हारे ख़ून से सने दाँत
तोड़ दिये जायेंगे
उतार ली जायेगी तुम्हारी खाल
मुँहझौंसे चेहरे पर
लगा दी जायेगी कालिख और
लिख दिया जायेगा पुन:
स्वर्णाक्षरों में
हाशिये के समाज का इतिहास

इसलिए चुन लो कोई विकल्प
चले जाओ
भिलंगना, अलकनन्दा, भागीरथी के किनारे
कर लो अपने पापों का प्रायश्चित्त
क्योंकि गंगा अभी ज़िन्दा है?

उम्मीद और तड़प

(यह कविता गुजरात और सहारनपुर में हुए दलितों पर आत्मघाती हमले की उपज है।)

लोग कहते हैं
ईश्वर है इस दुनिया में
तभी तो
शबरी ने पुकारा ईश्वर आये
यशोदा ने पुकारा ईश्वर आये
द्रौपदी ने पुकारा ईश्वर आये
मीरा ने पुकारा ईश्वर आये

वह भी उस दिन चीख़-चीख़ कर पुकारी
ईश्वर नहीं आये
जब उसकी देह में प्रवाहित
किया गया था करेंट
ईश्वर नहीं आये
जब काटा गया था किसी धारदार हथियार से
उसका स्तन
ईश्वर नहीं आये
जब बेधर्म किया गया था
उसे सरेआम ईश्वर नहीं आये
जब घसीट-घसीट कर तपते लोहे से
तोड़ी गयी थीं उनकी जाँघें

ईश्वर नहीं आये
जब जलाया गया था उन्हें
ज़िन्दा किसी निर्दोष पशु की तरह
ईश्वर नहीं आये

ऐ वक़्त के लोभी गुबरैले
भ्रष्टाचार के दीपक
क्रूर और नृशंस हत्यारे
वह वक़्त आ गया है
जब तुम भी पुकारोगे चीख़-चीख़ कर
और ईश्वर नहीं आयेगा।

हरिश्चन्द्र घाट

यह कल्पना नहीं, यथार्थ है
यह काशी का अस्सी नहीं, हरिश्चन्द्र घाट है
जहाँ बिके थे
राजा हरिश्चन्द्र
भाई कल्लू डोम के हाथ

जहाँ होती है कल-कल, छल-छल की आवाज़
हर रोज़ सुबह-शाम

जहाँ गूँजते नारे हर-हर महादेव के
जहाँ मन्दिरों की दीवारों से निकलते हैं शंख नाद
जहाँ घुटने टेकते हैं ऋषि, मुनि उषा काल में
जहाँ क्रीड़ा करते हैं परिन्दे जल की सुरम्य लहरों पर
और जहाँ सहसा लपकती है भूख
जहाँ तपती हैं सहस्त्र आत्माएँ
चन्दन की अग्नि कुण्ड में
शीतल होने के लिए!

वहीं किनारे घाट पर कुछ शव थे
कुछ लोग थे
नदी थी

मैं था
और वो नन्हें आठ वर्ष के दलित बच्चे
जो जला रहे थे मुर्दे को हाथों में हरा बाँस लिए
तपती जेठ की दुपहरी में
सौ-सौ रुपये दिहाड़ी पर
पसीने से लथ-पथ

उनके कटे-फटे, मैले कपड़े काशी के आईने में साफ़ दिख रहे थे
और वे बता रहे थे कि वे करते हैं ऐसा काम
अपनी भूख के लिए
माँ की दवा के लिए
बहन की शादी के लिए
छोटे भाई की पढ़ाई के लिए

पर ऐसे हालात में
उन्हीं शवों के साथ
जलने लगती हैं
उनकी उम्मीदें
उनके सपने
उनका भविष्य।

व्यथा कौवे की

चोटिल पंख उड़े कहँ कागा
छूटा गगन चले अब भागा
मोक्ष चाह की है अभिलाषा।

द्वापर, त्रेता, सतयुग, बीता
घोर कलयुग ने पग-पग रेता
अब कहँ भाग्य हमारा भाई
छूटा साथ गयी रस मलाई

अब नहीं होत कहीं कृष्ण लीला
दिन-दिन बढ़त दानव रासलीला
इसलिए मैंने धूनी रमाई
कर्म का लिखा कहीं न जाई।

छूटा नीम, बबूल और पीपल
घना पाकड़ भी गया कटाई
बिजली के खम्भे के नीचे
चोंच रगड़-रगड़ पछताई
अब तो मोक्ष मिले रघुराई।

गौरैया मैना के अण्डे
देख-देख कर जी ललचाई
बच्चों के हाथों की रोटी
अब तो सपना ही हो जाई

सच-मुच बड़ दुर्दिन है आई
अब तो मोक्ष मिले रघुराई।

सुनो चींटियों

सुनो चींटियों!
जंगल की ओर
जाने वाला रास्ता
बन्द हो चुका है।
जंगल को दीमकों ने चाटकर
वहाँ खड़े कर दिये हैं
ऊँचे-ऊँचे कंकरीट के जंगल

सागर की ओर बहने वाली नदी
रास्ते में ही दम तोड़ चुकी है
नियतिवादी द्वीप पूर्व की
स्मृतियों में खोया है
विछोह से दुःखी रेत
तूफ़ानी हवाओं के शिकार बन चुके हैं।
शिलाएँ मोम बनकर पिघलने लगी हैं
विलोड़ित दरिया
सुनामी और हुदहुद में बदल चुका है

इसलिए मैं सीखना चाहता हूँ
तुम्हारी भाषा
तुम्हारा संस्कार

तुम्हारी क्रमबद्धता, एकता और अनुशासन
तुम्हारे लोक का संघर्ष एवं सौन्दर्य
और तुम्हारा आपसी प्रेम
ताकि रातों-रात
सजा सकूँ हिय-धर पर
तुम्हारा घर
और बचा सकूँ
तुम्हारा जीवन।

अवमूल्यन

गटर का आदमी
आज़ाद भारत का पचहत्तर वर्षीय मोहर है
वह शहर–दर–शहर
नगर–उपनगर–महानगर

गली, चट्टी, चौराहे मिल ही जाता है
गटर में प्रणत उतरते-चढ़ते
मल-मूत्र की सफ़ाई करते।

आज़ाद भारत में
गटर के आदमी के ठप्पे का रंग
पूर्व की भाँति ही है
पैदा हुआ था
इस लोकतन्त्र में
तमाम ख़्वाहिशें लिए हुए

लेकिन जाति के ज़हर ने
मार डाला धीरे-धीरे
बेदख़ल कर दिया गया
उसे अपनी ही लोक संस्कृति से।
प्रणीत कर दिया गया

डोम, चाण्डाल, महार, चूहड़ा, चमार,
मल्लाह और धोबी विविध जातियों में

वह तैतिक्ष जाति की यन्त्रणाएँ पाकर
सिमटता गया इसी में धीरे-धीरे

भूमण्डलीकरण और बाज़ारवाद के दौर में
मुलाजिमत
गटर का आदमी
गन्ने की खोहिया की भाँति
निचोड़ कर छोड़ दिया जाता है
उसी गटर में

और मृत्युपर्यन्त घूमता रहता है
गटर की परिधि में।

चाँद, मैं और वे

खगोल स्थित सुदूर
चाँद के रूप सौन्दर्य को
मैं जब-जब देखता हूँ इत्मीनान से
तमाम उपमाएँ पीछे छूट जाती हैं
प्रेम सिमट जाता है यहीं कहीं धरती पर

मैं मानसरोवर की लहरों पर देखता हूँ
ज्योतिष्मान् चाँद की उज्ज्वलता और

उस उज्ज्वलता में
विधवा का पवित्र आँचल
मौनता में
शोषितों, वंचितों की चीख़ें!

शीतलता में
ठण्डा होता देश
त्रस्त मज़दूर, आत्महत्या करते किसान और
अभाव ग्रस्त ग्रामीण जीवन

श्याम धब्बे में
आतंकवाद की साज़िशें
पूँजीवाद, बाज़ारवाद, सामन्तवाद, शिक्षा की खोखली व्यवस्था,

ग़ायब होता जंगल, दम तोड़ती नदी,
दरकते पहाड़
महामारी, सूखा, अकाल

ऐ चाँद तुम्हारी गोलाई में
मैं अक्सर देखता हूँ
कई संवेदनशील सवाल
प्रेम, रोटी और भूख।

ट्विन टॉवर

कितनी नदियों का पानी सोखकर
कितने जंगल को काटकर

कितने नैसर्गिक सौन्दर्य को छीन कर
कितने मज़दूरों का ख़ून पी कर

कितने ग़रीबों की बस्तियाँ उजाड़ कर
कितनी हत्या, शोषण, अत्याचार कर

कितनी धरती का सीना चीर कर
कितनी सच्चाई का गला घोंट कर

ओ हवा में इतराते भ्रष्टाचार के ट्विन टॉवर
लो खो दिये न अपनी आपा

सिर्फ़ और सिर्फ़ कुछ ही सेकेंड में
तब्दील हो गये मलवे और धूल के गुबारों में

छन्नू लाल

छन्नू लाल!
जीवन के क्रूरतम समय में
जब मेरे पास अपनों की स्मृतियाँ ही अशेष थीं
मैं बेसहारा ग़रीबी और दुःखों के लिबास में
संघर्षरत था जीवन पथ पर।

मुट्ठी भर सपने
जिसे होने थे अपने
क्रूर और स्याह रातों में
रोज़ ही टूट जाते थे।

छन्नू लाल!
मैं हर सुबह उसे ओस कण की तरह सजाता
और हर झिलमिलाती शाम में
सागर की लहरों सा उछाल भरता

भर लेता था हाथों में अंग्रेज़ी अख़बार
चढ़ जाता था उम्मीदों की अनगिनत सीढ़ियाँ
एक दरवाज़ा बीतता नहीं कि दूसरे से आवाज़ आती थी
भैया!
अख़बार वाले भैया!

द टाइम्स ऑफ़ इंडिया है क्या?
कल से द हिन्दू बन्द रहेगा
बग़ल वाले कमरे में
द इंडियन एक्सप्रेस देना है
घर से लौटने पर
द इकोनॉमिक टाइम्स चलेगा

इस तरह कमरा-दर-कमरा
बाँटता था किसिम-किसिम के अख़बार।

छन्नू लाल!
मैं लोगों की हर बात को सुनता-गुनता
उतर जाता था उतनी ही सीढ़ियाँ
सीढ़ियों के पास खड़ी एक पुरानी साइकिल
जो जोहती थी वाट मेरे आने की
जिसकी ठूँठ पैडिलों पर

रगड़ खाती थीं बार-बार थके पाँव की एड़ियाँ
और जिसकी धुरी पर नाचती थी भूख

छन्नू लाल!
मैं भूख के सौन्दर्यशास्त्र को जन्म से जानता हूँ
साइकिल का चलना जीवन का चलना था
साँसों का चलना था।

छन्नू लाल!
जैसे तपना नियति बन गयी थी
मैं तपता गया
तप-तप कर छनता गया

गोसाल की तरह शुद्ध
रैदास की तरह शीतल।

छन्नू लाल!
जैसे समय से होड़ थी मेरी
मैं लड़ता गया
मानवता के सजग प्रहरी कबीर और
अछूतानन्द की आवाज़ बनता गया।

छन्नू लाल!
समय का सागर
जब-जब मेरी आँखों के रास्ते उतरा
मैं सोखता गया

मैं जीवन पथ का राही
जीवन पथ पर बढ़ता गया।

मटके की चीख़

सुनो उत्तर-आधुनिक द्रोण!
समय सिर्फ़ बदलता ही नहीं
बदला भी लेता है।

समय जब बदला लेता है
तब चीख़ने तक नहीं देता
समय के भूचाल से तो
तुम्हारे पूर्वज भी नहीं बच सके।

उस भयावह कम्पन से
धरती
आकाश
आग
हवा
पानी
किसी के यहाँ
शरण नहीं मिलती।
न श्मशान
न क़ब्रगाह
न नदी
न पहाड़

कहीं नहीं
कहीं भी नहीं।

जाति के जंगल में घूमने वाले साँप
तुम्हारा विष बढ़ता ही गया
तुम ज़हरीले से ज़हरीले होते गये
सदा ही ख़तरनाक होते गये।

सुन!
हत्यारे
रक्त के बूँद-बूँद पर
लिखी है मटके की कहानी
मटका पुराना है
मटके की कहानी भी पुरानी
इसे बाँधे थे कभी मेरे पुरखे
अब तुम्हें क्यों है हैरानी?

रे निर्लज्ज! कायर! मक्कार!
खल! लोभी! लम्पट!
अस्पृश्य भारत के ज़िन्दा मुर्दे!

ग़र अछूत से दिक़्क़त थी तो
बदलते मटका
तुमने तो नीयत ही बदल डाली।

डोम की अंतर्कथा

हाय! दुर्भाग्य है
मैं जन्म से ही ढो रहा हूँ
जाति का बोझ
बचपन-जवानी-बुढ़ापा

मेरे हिस्से में मिली है
आग, कफ़न, श्मशान और मुर्दा
हरे बाँस पर लदा करुणा का बोझ
लाखों घरों के फटी छाती की पीड़ा और शोक

हाय! दुर्भाग्य है
मैं ढो रहा हूँ
छिट्टा-दर-छिट्टा
श्मशान की राख
उसमें दबे उम्मीदी सपने
मुर्दे की जली अँगीठी
जिससे चलते चूल्हे-चौके

हाय! दुर्भाग्य है
मैं ढो रहा हूँ
सदी की महामारी

बाढ़ की विभीषिका
भुखमरी, सूखा अकाल,
समय का मैल और सदियों का सन्ताप

हाय! दुर्भाग्य है
मैं ढो रहा हूँ

देश की घोषणाएँ
सामाजिक दुर्बलताएँ
आर्थिक विपन्नताएँ
धार्मिक मान्यताएँ
राजनीतिक कट्टरताएँ

हाय! दुर्भाग्य है
मैं ढो रहा हूँ

रक्त की प्यासी सदी
जघन्य हत्या, अपराध, खोखली शिक्षा
धूल के गुबार
मटके की मार
स्मृतियों में डबडबायी आँखें

हाय! दुर्भाग्य
मैं ढो रहा हूँ
हर हिस्से का दुर्भाग्य!

शब्द

इतिहास में आईना है शब्द
शब्द गवाह है
सच को सच
और झूठ को झूठ कह
नीर क्षीर विवेक है शब्द

शब्द प्रमाण है
सन्तप्त दिलों की आवाज़ हैं शब्द
शब्द अस्त्र है जो
अन्याय के जंगल के ख़िलाफ़
एक जंग है।

उम्मीद है

उम्मीद है
वह फिर खड़ी होगी
सजल नेत्र
लड़खड़ाते पाँव

और पैरों में ठुकी
जारसत्ता की कीलें
उखाड़ फेंकेगी
तोड़ देगी अत्याचार की
सारी ज़ंजीरें।

लहूलुहान खुरदुरी हथेलियों से
रंग देगी स्तब्ध दिशाएँ
अन्तरिक्ष का सूरज
थोड़ा और लोहित होगा
सुलगती धरती की छाती
थोड़ी शीतल होगी

उम्मीद है
वह एक दिन
पूरी ताक़त के साथ खड़ी होगी
और जब खड़ी होगी
तो झुकेगा आसमाँ।

इसी शहर में

मैं जिस शहर में रहता हूँ
शहर को बीचों-बीच से
चीरता हुआ
गुज़रता है एक पुल

पुल के ऊपर
कर्कश ध्वनि में पूरी रात
चिहाते, धुँधुवाते चलते हैं
बड़े-बड़े ट्रक
नीचे बसते हैं
देश के कुछ त्रस्त नागरिक
नागरिक आत्मनिर्भर हैं।

सीक से झाड़ू
बाँस की टिकठी
बाँस की सीढ़ी
छिट्टा, दउरी, टोकरी, पंखी
और जूते, चप्पल के पायदान बनाते हैं
जूते पॉलिश करते हैं
टूटे, फटे की मरम्मत करते हैं
पान, बीड़ी, सलाई, गुटका, सिगरेट,

बम्बइया मिठाई, गुब्बारे और बाँसुरी बेचते हैं
पंचर साइकिल बनाते हैं।

यहीं बग़ल से गुज़रता है एक गन्धाता नाला
शहर की गन्दगी लादे चुप-चाप
यहीं से गुज़रती एक हरहराती नदी
सब कुछ धोते, सबको समेटे।

यहीं टँगे हैं बाँस पर कुछ
लुग्गा, पन्नी से बने झोपड़े
झोपड़ों में ईंट और पत्थर के चूल्हे हैं
चूल्हे अपनी भाषा में मौन हैं।

मैं लोक, संस्कृति और
भाषा का राग अलापता
ढूँढ़ रहा हूँ लोकोत्तर सौन्दर्य
जो बहे जा रहे हैं नाले में
बदलते जा रहे हैं कर्कश ध्वनि में।

मैं देख रहा हूँ
मेरे आस-पास
पुल के नीचे
खद्योतों की रोशनी में
खेल रहे हैं कुछ नंग-धड़ंग, मैले-कुचैले बच्चे
कत्थई दाँतों की मुस्कान, बिखरे बाल।

बच्चे खद्योतों की तरह उड़ना चाह रहे हैं
सूनी दिशाओं को आलोकित करना चाह रहे हैं
असीम सपनों के साथ
चूमना चाह रहे हैं आकाश।

आस्था के फूल

मैं जब भी चुनता हूँ
आस्था के फूल
तो पहला फूल
माँ और पिता के लिए

माँ मेरे लिए धरती है
पिता आकाश की ऊँचाई

दूसरा फूल गुरु के लिए
जिन्होंने मुझे गढ़ा
व्यक्ति से मनुष्य बनाया

तीसरा फूल
गोसाल, रैदास, कबीर और अम्बेडकर के लिए
जो मेरे आदर्श हैं

मैं पत्थर के लिए
कोई फूल नहीं चुनता

पत्थर अक्सर चुप रहता है।

ज़िक्र-ए-पुलिया

जीवन की तमाम आपाधापी में
जब थक कर चूर होता हूँ
तो इत्मीनान से बैठ जाता हूँ
इस प्रबुद्ध पुलिया पर
जो आत्मा की शान्ति है
और दिल का सुकून!

यहीं पर कटती है
सुख-दुःख की सुबह
यहीं होते हैं चाय पर संवाद
और यहीं पर बीज की तरह
अँखुवाते हैं भाषाई ज्ञान

यहीं पर फूटते हैं कविता के स्वर
शिल्प व संवेदनाएँ
यहाँ से उठती हैं
हाशिए की आवाज़
और पंख के लिए पानी की
गूँज!

यहीं बैठते हैं मेरे गुरु
आस्था के शिखर पुरुष
मेरे सपनों के चित्रकार
मेरे जीवन के मूर्तिकार

दरअसल यह प्रबुद्ध पुलिया
महामना की रीति है
बेहद प्राचीनतम प्रीति है
आकाश धर्मा ज्ञान की ज्योति है

इस पर बैठे हुए हमें अक्सर याद आता है गुरुकुल
बुद्ध, कबीर, रैदास,
भारतेन्दु, प्रेमचन्द और जयशंकर प्रसाद।

चाँद में चाँद

(पत्नी वन्दना के लिए)

मैं जानता हूँ
तुम मुझसे बेहद प्रेम करती हो
यह सच है कि इस धरती पर प्रेम से बड़ा कुछ भी नहीं
तुम्हारा प्रेम चातक का प्रेम है!

प्रेम में चातक ने बादलों को कभी पत्र नहीं लिखा
स्वाति बूँद के लिए
लेकिन हर वक़्त महसूस किया
जैसे तुम करती हो

मेरी आस्था न पूर्व जन्म में है
और न पुनर्जन्म में
न ही किसी ईश्वरी सत्ता में

तुम जब भी प्रेम में
चलनी उठाती हो आकाश की ओर
लाखों छिद्रों से गुज़रते हुए
जब अपने चाँद को चाँद में निहारती हो
अक्सर कई जन्मों के लिए माँग लेती हो।

देश

ठण्ड से ठिठुरती
अलसायी हुई साँझ धीरे-धीरे
गहन अँधेरी रात में
तब्दील हो रही है और
शहर नारेबाज़ी में।

पटाखे की कर्कश ध्वनि से
चौराहे रौशन हैं
और लोकतन्त्र सहमा
गलियाँ सजी-धजी
संगीत में डूबी हुई।

इस उदास और घोर निराशा के समय में
कुछ उम्मीदें हैं जो टूट रही हैं
कुछ सपने हैं जो बिखर रहे हैं

मैं अपनी नग्न आँखों से
डूबते देश को देख रहा हूँ।

मणिपुर जंगलरात

मणिपुर की यह दरिन्दगी याद रहेगी इतिहास में और
याद रहेंगे वे दरिन्दे मनुपुत्र
जो हज़ारों की भीड़ में दे रहे हैं ख़ौफ़नाक वारदात
वारदात में बलात्कार, पिता और भाई की मौत

इनके हाथ आदिवासी स्त्रियों के ख़ून से सने हैं
मौत की धमकियाँ दे कर
एक-एक का कर रहे हैं चीरहरण
मानवता बिलख रही है
रिश्ते हो रहे हैं शर्मसार
आस-पास पसरा है दर्द का सैलाब

मैं जब-जब देखता हूँ
देश में हिंसा, बलात्कार और जघन्य अपराध
तब-तब मर जाती है मानवता
मानवता का मरना इन्सान का मरना है
रिश्तों का मरना है जो गढ़े जाते हैं प्रेम से

इस हिटलरी शासन और
पितृसत्ता की आग में

झुलसती स्त्रियों को देख
उमड़ जाता है आँखों में सागर

मैं ख़ुद से पूछता हूँ
ओ मेरे संस्कारी देश
कब तक सभ्यता के नक़ाब में
उतारे जायेंगे स्त्रियों के वस्त्र?
कब तक घुमाया जायेगा उन्हें नग्न
कलयुगी दुःशासनों द्वारा?

कब कटेगी ये जंगल रात?
कैसे मिटेगा दर्द का सैलाब?
मैं इस कुकृत्य पर छी और थू करता हूँ
तुम करो लाशों पर राजनीति।

भाषा

तुम्हें सब नदी की तरह गतिशील कहते हैं
सिन्धु की तरह गहरा और गम्भीर
हवा की तरह तूफ़ानी और जीवनदायी।

कहते हैं सब
फूल की तरह कोमल और ख़ुशबूदार
बाण की तरह नुकीला और चुभने वाला।

इस लोक के विविध रंग के साथ
मेरे जिह्वा पर मेरी भाषा है
मेरी आँखों में संस्कृति का सौन्दर्य
मेरे दिल में इतिहास की धड़कन।

इसलिए मैं अपनी भाषा में
देखता हूँ
सुनता हूँ
गाता हूँ

मेरी भाषा
मेरी माँ जैसी है।
मैं अपनी भाषा में बादशाह हूँ।

❑❑